Happy School

Campos de Experiências

Mônica Pina e Virginia Finzetto

Inspirado nos ensinamentos de
MARIA MONTESSORI

Eu me Localizo

Tempo, Espaço
e Movimento

Happy Books

Este livro pertence a

_ _ _ _ _ _ _ _ _ _ _ _ _ _ _ _

_ _ _ _ _ _ _ _ _ _ _ _ _

Rodovia Jorge Lacerda, 5086 - Poço Grande
Gaspar - SC | CEP 89115-100

Direção:
Angela Finzetto

Texto e consultoria pedagógica:
Mônica Pina

Atividades e edição:
Virginia Finzetto

Imagem e ilustração:
Pixabay e Shutterstock

Projeto gráfico e diagramação:
Marcos Inoue

Revisão:
Tamara B. G. Altenburg

IMPRESSO NA CHINA
www.happybooks.com.br

Dados Internacionais de Catalogação na Publicação (CIP)
(Câmara Brasileira do Livro, SP, Brasil)

Pina, Mônica
Eu me localizo: Tempo, espaço e movimento
[Texto: Mônica Pina, Virginia Finzetto; Ilustração: Shutterstock].
Gaspar, SC: Happy Books, 2023.
(Coleção Campos de Experiências)

ISBN 978-65-5507-630-1

1. Educação infantil (Atividades e exercícios) 2. Espaço - Literatura infantojuvenil 3. Tempo - Literatura infantojuvenil I. Shutterstock. II. Título. III. Série.

23-168080 CDD-028.5

Índices para catálogo sistemático:

1. Literatura infantil 028.5
2. Literatura infantojuvenil 028.5

Eliane de Freitas Leite - Bibliotecária - CRB-8/8415

SUMÁRIO

Atividades

Materiais que vocês vão usar

UMA VIDA repleta de estímulos!

No processo de desenvolvimento da criança, conhecimentos, experiências e emoções não podem ser entendidos como elementos isolados, pois se entrelaçam e se reforçam o tempo todo.

Crianças emocionalmente equilibradas e apoiadas por seus familiares têm mais motivação para fazer descobertas, adquirir habilidades, superar situações novas e alcançar objetivos cada vez mais significativos, principalmente quando sua sensibilidade, curiosidade e criatividade são estimuladas.

> "A curiosidade é um impulso para aprender."
>
> *Maria Montessori, médica, pesquisadora e educadora*

Especialistas em educação definem determinadas áreas de experiência como fundamentais para que a criança aprenda e se desenvolva plenamente. Portanto, cada volume da coleção foi elaborado com foco em uma dessas áreas, sempre valorizando a criança, sua complexidade e individualidade.

As atividades enfatizam habilidades, atitudes e valores que os pequenos vão desenvolver e que se relacionam com suas interações e brincadeiras. A vivência deles com as propostas de cada livro se transformarão em experiências educativas e divertidas, proporcionando a vocês compartilharem momentos de crescimento e afeto.

Áreas de experiência

Cada livro da coleção **Campos de Experiências** tem foco em uma destas áreas, fundamentais para que a criança aprenda e se desenvolva:

EU ME COMUNICO - LINGUAGEM

comunicação oral • vocabulário • habilidades de leitura e escrita • rimas • narração de histórias

EU CALCULO - MATEMÁTICA

quantidades • medidas • comparações • operações números • formas • solução de problemas

EU E OS OUTROS - EMOÇÕES E CONVÍVIO SOCIAL

identidade • autocuidado • autoestima • inteligência emocional consciência de si e do outro • regras sociais

EU EXPERIMENTO - SENTIR E BRINCAR

coordenação visomotora • experiências sensoriais • habilidades de escrita

EU CRIO - CRIATIVIDADE

desenho • pintura • colagem • música • teatro

EU DESCUBRO - EXPLORANDO O MUNDO

natureza e meio ambiente • ciências história • geografia

EU ME LOCALIZO - TEMPO, ESPAÇO E MOVIMENTO

tempo • espaço • orientação absoluta e relativa sequências de fatos • relações de causa e efeito

APRENDER
é divertido!

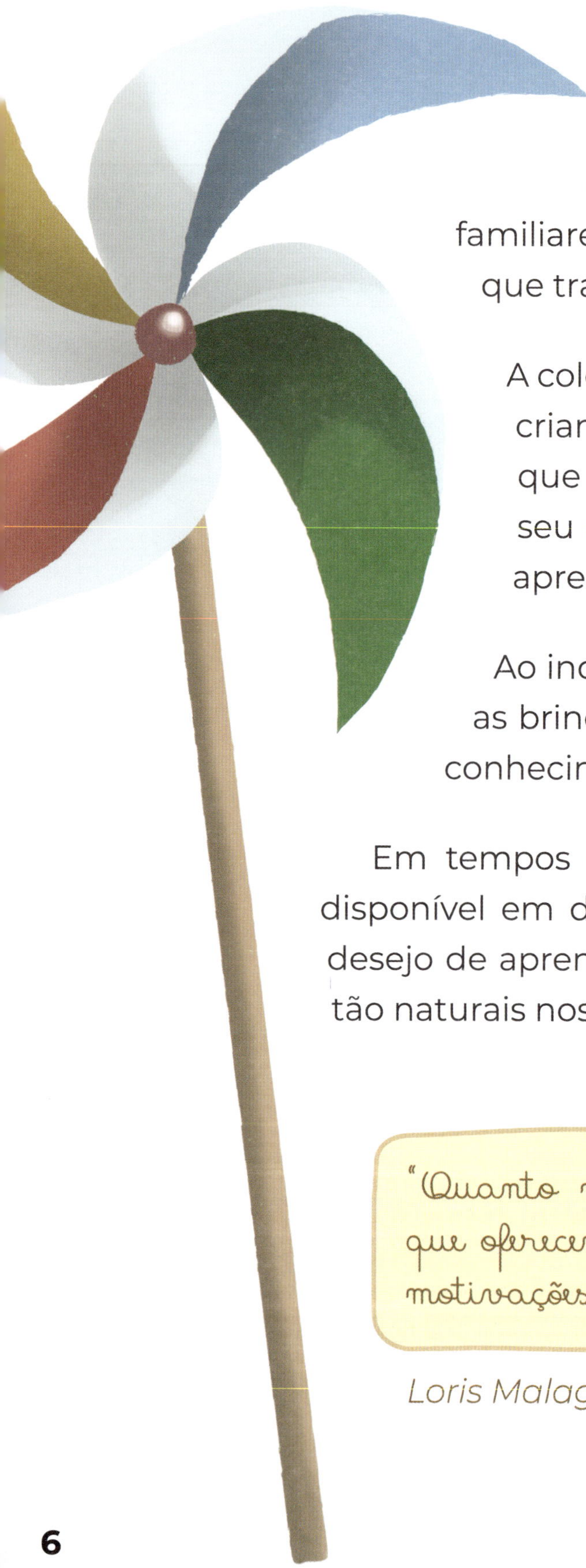

Curiosas e criativas, as crianças fazem as suas maiores descobertas enquanto brincam, experimentam, exploram e observam as pessoas e o mundo ao seu redor. Para acompanhá-las nessa jornada e apoiar o seu desenvolvimento, educadores e familiares contam com a coleção **Campos de Experiências**, que traz atividades desafiadoras e muito divertidas.

A coleção **Campos de Experiências** valoriza o potencial da criança de maneira integral, com propostas educativas que favorecem suas formas de expressão e ampliam seu repertório de vivências e percepções, estimulando a aprendizagem em todas as áreas.

Ao incentivar a criança a fazer suas descobertas e explorar as brincadeiras dos livros abrem-se novos caminhos para o conhecimento.

Em tempos de mudanças tão velozes e de muita informação disponível em diversos meios, é ainda mais importante valorizar o desejo de aprender, a curiosidade e a capacidade de se maravilhar, tão naturais nos primeiros anos de vida.

> "Quanto mais ampla for a gama de possibilidades que oferecemos às crianças, mais intensas serão suas motivações e mais ricas serão suas experiências."

Loris Malaguzzi, pedagogo e professor

RECADO aos pais

Acompanhar o crescimento de uma criança é uma experiência fascinante, cheia de expectativas e de inquietações. Afinal, como a família pode ajudá-la a se desenvolver de forma plena e harmoniosa?

Está comprovado que os aspectos cognitivos, intelectuais, psicológicos, comportamentais, emocionais e relacionais de cada indivíduo se estruturam na primeira infância ou, mais precisamente, a partir dos estímulos a que a criança é exposta nos primeiros cinco anos de vida. Não é por acaso que os especialistas destacam que nessa fase é essencial acolher, ouvir e observar as interações e reações da criança, além de respeitar e estimular suas potencialidades.

Valorizando a conexão com os familiares como a maior referência para a criança, a coleção **Campos de Experiências** traz propostas para serem realizadas com o apoio dos pais. Elas foram criadas, especialmente, para crianças entre 3 e 6 anos de idade.

Cada brincadeira é um convite para que pais e filhos vivenciem mais momentos juntos, com estímulos que têm o objetivo de ampliar as experiências e o desejo da criança de conhecer e experimentar tudo o que é novo.

> "A criança observa com amor, nunca com indiferença, e essa atitude permite que sua inteligência revele o invisível."

Maria Montessori, médica, pesquisadora e educadora

ORIENTAÇÃO no tempo e no espaço

"Falta muito para chegar?", "Vou passear ontem!", "A minha casa é longe, mas fica perto", "Amanhã eu fui com a minha família ao parque!" ... Essas e outras frases semelhantes são ditas com frequência pelas crianças e indicam suas inquietações e percepções, muitas vezes imprecisas, sobre as dimensões de tempo e espaço.

Orientação espacial é como denominamos a capacidade de nos orientarmos em relação aos objetos, às pessoas e ao nosso corpo em um determinado espaço e envolve conceitos como direita e esquerda, acima ou abaixo, pequeno ou grande, longe ou perto, entre muitos outros. A criança desenvolve essas noções desde os primeiros meses de vida, tendo como referência o próprio corpo, mas é uma aprendizagem complexa e cada uma tem seu ritmo a partir das experiências que vivencia.

A percepção do tempo também está diretamente relacionada às observações, sensações e situações concretas e às sequências de acontecimentos do cotidiano, que permitem que a criança experiencie e identifique diferentes ciclos. As noções temporais são muito abstratas e começam a se desenvolver a partir da conscientização do próprio corpo, dos movimentos e do ritmo que a criança percebe em si mesma, para que possa fazer descobertas e dominar conceitos mais amplos.

A estruturação de tempos e espaços é uma habilidade muito importante, que permite à criança se movimentar e se reconhecer no espaço, por meio da localização de seu corpo, ter domínio sobre seus movimentos e gestos, desenvolver raciocínio e lógica, coordenar sua temporalidade e organizar seus sentimentos, suas percepções e sua vida cotidiana.

Enquanto procura se situar em diversos espaços (casa, rua, escola, bairro, cidade, etc.) e tempos (de manhã, ontem, quando eu era pequeno, etc.), a criança demonstra curiosidade sobre o mundo físico — que envolve desde o seu corpo até outros seres vivos e os fenômenos da natureza e suas transformações — , e sobre o mundo sociocultural — que envolve as relações humanas e sua própria história e avan-ça em sua autonomia.

Este livro destaca atividades e brincadeiras que valorizam experimentações relacionadas a noções **de espaço** — envolvendo conceitos de tamanho, forma, volume e posição, movimentos e comparações — e **de tempo** — com referências de duração, ordem, sucessão e ritmos. Além disso, contém jogos para recortar e brincar e os exclusivos "Relógio" e "Calendário" Campos de Experiências, que convidam a criança a manusear, observar, sentir e interagir de diferentes formas com os materiais, reforçando sua experiência sensorial, dentro dos princípios da proposta educacional da médica e pedagoga **Maria Montessori**.

O avanço nessas habilidades é individual e subjetivo e o livro apresenta as propostas com nível gradativo de dificuldade, para serem exploradas de acordo com os interesses da criança. Em cada nível, há uma introdução que destaca os principais temas das atividades e, ao final, são sugeridas outras brincadeiras para treinar e estender as competências e habilidades.

Acompanhe a criança enquanto ela explora as atividades do livro e incentive-a a ampliar suas experiências e interações definindo uma rotina no dia, sugerindo jogos ao ar livre, danças e brincadeiras, propondo comparações de fotografias de diferentes épocas e lugares, apresentando mapas, lendo e contando histórias e estimulando cada investigação e descoberta.

"O tempo é a vida."

Alejandro Suarez, 6 anos, no livro A Casa das Estrelas - O Universo pelo olhar das crianças, Org. Javier Naranjo.

Nível 1

De olho no tempo e no espaço

A criança desenvolve noções de tempo e espaço aos poucos, por meio de suas experiências, e cada uma avança no seu ritmo. Por isso, é importante estimular as experimentações desde cedo, com atividades diversificadas para vivenciar conceitos como perto, longe, subir, descer, antes e depois... É natural que, de início, a criança se confunda com tantas referências. Para ajudá-la, apresente os conceitos aos poucos, de forma divertida, repetindo-os em diferentes situações.

Veja quais são os principais temas e as habilidades desenvolvidas:

- Ao observar, analisar e comparar imagens, conectando-as com os conceitos propostos, a criança pode **estabelecer relações entre as diferentes formas de representação e a realidade**.

- Montar figuras com formas geométricas favorece **o raciocínio e a abstração e a compreensão do espaço**.

- Enquanto observa imagens do corpo humano e imita gestos e movimentos, a criança identifica as partes de seu corpo, estabelece relações entre suas observações e suas interações com o ambiente, **desenvolve equilíbrio, concentração, a percepção do próprio corpo e noções de lateralidade**.

- A criança percebe mudanças ao seu redor ao longo do período de um dia. Quando reflete e conversa sobre essas mudanças, ela identifica o que caracteriza o dia e a noite e a relação de cada momento do dia com a sua rotina e avança em **percepções mais complexas sobre os ciclos de tempo**.

- Além de divertida, a proposta de jogo da memória auxilia no **desenvolvimento de habilidades de concentração, atenção, observação, memorização e linguagem**.

Envolva-se nas atividades, estimule a interação da criança e amplie as brincadeiras, propondo novos desafios divertidos no cotidiano em família.

Subir e descer

Complete o tracejado e pinte o que falta, igual à cena ao lado. Depois, faça um círculo no bicho que está subindo a escada e marque com um X o que está descendo pelo escorregador.

Os bichos

Que tal brincar de montar as figuras de animais com formas geométricas? Com a ajuda de um adulto, recorte as peças na página seguinte e monte os bichos sobre uma mesa. Depois, misture as peças e crie outras figuras. Guarde as peças em um envelope e brinque sempre que quiser!

O balão

Coloque seu dedo no ponto preto e siga as setas, contornando a figura. Depois, trace o contorno com giz de cera. Em seguida, pinte de vermelho a parte de dentro do balão e de azul a parte de fora.

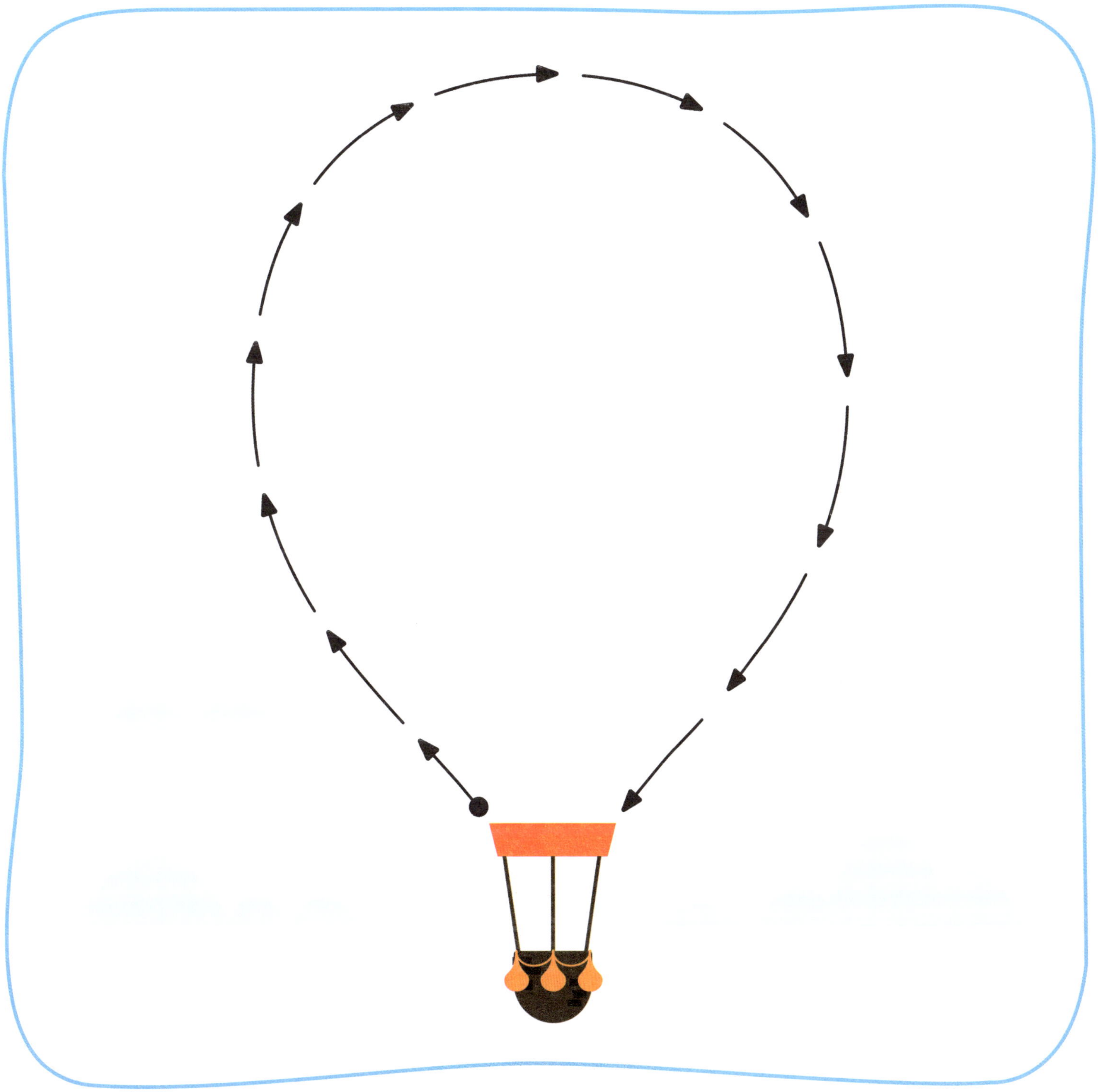

Achei!

Encontre e marque na cena os itens em destaque no quadro ao lado. Depois, percorra o tracejado com o dedo e trace-o com giz. Quantas crianças estão dentro do submarino? Elas estão olhando para o mesmo lado? O que cada uma está observando?

Caminhos

Que animais são estes? Use giz de cera de cores diferentes para pintar o caminho de cada bicho. Depois, marque com um X qual deles está **mais perto** da caverna e faça um círculo ao redor do que está **mais longe**.

O pomar

Complete os tracejados da árvore e termine de colorir as frutas. Depois, peça para um adulto ajudá-lo a identificar e numerar na sequência correta as árvores, da **mais baixa** para a **mais alta**.

Salada de frutas

Quer se divertir com esta brincadeira que desafia a memória? Convide seus amigos e familiares e brinquem de aprender o nome das frutas com o JOGO DA MEMÓRIA.

INSTRUÇÕES:

1. Peça ajuda a um adulto para recortar as fichas das páginas seguintes e falar o nome das frutas.

2. Observe as peças e veja que há sempre duas imagens iguais, formando pares. Embaralhem bem as fichas.

3. Arrumem todas as fichas com as figuras para cima e peçam a um adulto para marcar o tempo de 1 minuto, para vocês memorizarem o local onde está cada peça. Em seguida, virem as fichas com as figuras para baixo, nas mesmas posições.

4. Tirem na sorte para ver quem começa a brincadeira.

5. Cada participante deve, na sua vez, desvirar duas peças. Se as figuras forem iguais, o jogador fica com o par de fichas e joga mais uma vez. Se as figuras forem diferentes, as peças permanecem no lugar, viradas para baixo, e o jogador passa a sua vez para o próximo jogador.

6. As jogadas se sucedem até as peças acabarem. Vence quem tiver mais pares.

LARANJA

LARANJA

PERA

PERA

ABACAXI

ABACAXI

MAÇÃ

MAÇÃ

UVA

UVA

BANANA

BANANA

MELANCIA

MELANCIA

CEREJA

CEREJA

MORANGO

MORANGO

ABACATE

ABACATE

Dia e noite

O que a criança está fazendo em cada cena? O que você faz antes de dormir? E qual a primeira coisa que faz ao acordar? Complete os tracejados, pinte as cobertas e faça um círculo azul na cena que representa a noite e um vermelho na que representa o dia.

Mexendo o corpo

Use o seu dedo e depois o giz para ligar cada imagem à sua sombra. Você consegue imitar estes movimentos? Já participou de uma brincadeira em que se movimenta ao som de uma música e depois fica parado em uma determinada posição? Sabe o nome dessa brincadeira?

Viagem em família

Observe a cena: onde a família está? Está fazendo **frio** ou **calor**? Complete os tracejados e termine de colorir a cena. Depois, marque com cores diferentes a pessoa mais **alta** e a mais **baixa**. Peça ajuda a um adulto e conte quantas malas há.

BRINQUE MAIS

Campos de Experiências é só o começo!

Quente ou frio

Combine com a criança que vai esconder um objeto pequeno e convide-a a sair da sala ou do quarto. De volta ao ambiente, a criança vai procurar o objeto, que ela não sabe qual é. Quando ela estiver longe do local onde o objeto foi escondido, você dá a dica "Está frio!" e, quando ela se aproximar dele, diga "Está quente!", de forma que ela consiga descobrir onde é o esconderijo. Quando a criança encontrar o objeto, troquem os papéis na brincadeira: você sai enquanto ela esconde um outro objeto e dá as dicas, dizendo "quente" ou "frio".

Estátua diferente

Após se divertir imitando as posições que constam nas páginas 30 e 31, convide a criança para brincar de estátua de um jeito diferente. Coloque uma música, dancem juntos e combine que, quando a música parar, vão virar estátuas, mas sempre seguindo um determinado comando seu: estátua de um bicho, estátua apoiada em um pé só, estátua de super-herói, estátua de árvore, de bailarino, enfim, solte a ima-ginação. Depois, a criança dá os comandos.

Muitos jeitos de brincar

Vocês podem criar outras brincadeiras com as FICHAS do jogo da página 27. Peça para a criança misturar as peças, tirar uma de cada vez, dizer o nome da fruta e descobrir com que letra começa esse nome. Depois, agrupem as frutas usando diferentes critérios: as que são da mesma cor, as que começam com a mesma letra, as mais gostosas, as que têm casca...

Nível 2

Descobertas divertidas

As percepções sobre tempo e espaço fazem parte do dia a dia e a criança se apropria desses conhecimentos em cada brincadeira. Valorize as atividades propostas e observe seus avanços e dúvidas, apoiando-a em seu desenvolvimento.

Veja quais são os principais temas e as habilidades desenvolvidas:

- Ao identificar as características de espaços internos e externos, a criança percebe as dimensões de cada ambiente e a tridimensionalidade do espaço e se familiariza com diferentes **formas de representação visual**.
- As imagens que destacam atividades da rotina permitem que a criança ganhe **consciência sobre a importância de seus hábitos, reflita sobre a passagem do tempo e a sequência de acontecimentos ao longo do dia**.
- As atividades de relacionar silhuetas e imagens e organizar elementos, classificando-os e definindo critérios, favorece as **habilidades de observação, comparação e organização**.
- Ao repetir brincadeiras com os nomes e a sequência dos dias da semana e explorar o uso do calendário, a criança **compreende melhor os conceitos ligados à contagem do tempo**.
- A contagem estimula a criança a **estabelecer as relações entre quantidades e números** e a se familiarizar com os conceitos matemáticos.
- As brincadeiras com o movimento do papel, que simulam um desenho animado, destacam **a passagem do tempo em uma cena**.
- Uma versão do jogo de dominó com bichos estimula **a compreensão de regras e o contato social**, entre outras habilidades.

As atividades são bem diversificadas e é importante ficar atento ao que desperta maior interesse na criança e também às suas dificuldades, para incentivá-la a avançar no autoconhecimento e na percepção do ambiente.

Dentro de casa

Quais são os ambientes da casa que aparecem na figura? Complete e pinte o que está faltando. No espaço em branco, desenhe e pinte uma parte interna de sua casa onde você gosta de ficar.

Dia a dia

Observe os quadrinhos e conte o que as crianças estão fazendo em cada cena. Que roupas elas estão usando? Pinte o que falta e marque com **X** o que acontece de noite. Conte como é a sua rotina, desde que acorda até a hora de dormir.

A ilha do tesouro

Ajude o marinheiro a descobrir qual dos três caminhos pode levá-lo até o tesouro. Use seu dedo para fazer os trajetos e depois pinte com giz a trilha correta.

Contar e pintar

Conte as pintinhas das joaninhas em branco, procure o número correspondente e pinte a joaninha na cor indicada. Depois, no quadro abaixo, pinte a quantidade de bolinhas que corresponde a cada número.

Dominó dos bichos

Convide a turma para brincar com este divertido DOMINÓ DOS BICHOS. Peça a um adulto para recortar as páginas seguintes, com as 28 peças do jogo. Cole cada página em uma cartolina, deixe secar bem e solicite ao seu ajudante que recorte as peças.

VOCÊ VAI PRECISAR DE:

- 2 a 4 jogadores, com um adulto.
- **DOMINÓ DOS BICHOS.**

INSTRUÇÕES:

1. Tirem na sorte quem vai embaralhar as peças, com os bichos virados para baixo, e, depois, distribua sete peças para cada participante. As sobras, se houver, devem ficar em um montinho sobre a mesa, viradas para baixo.

2. O jogador seguinte, no sentido horário, deve colocar sobre a mesa uma peça com a figura do mesmo bicho dos dois lados — LEÃO/LEÃO, por exemplo. Se ele não tiver nenhuma peça assim, passa a vez para o próximo jogador ao lado e assim por diante.

3. Depois que a peça com duas figuras iguais estiver sobre a mesa, o próximo jogador tem de encaixar uma de suas peças com o mesmo bicho em uma das extremidades, dizendo o nome dos animais que estão na sua peça. Se ele não tiver nenhuma peça com a imagem do animal, deve pegar uma de cada vez do monte (se houver), até conseguir a peça certa. Se não conseguir, passa a vez para o próximo jogador.

4. Quem terminar suas peças primeiro é o vencedor.

Movimentos

Peça a um adulto para recortar as peças com cuidado e ajudar em todas as etapas desta brincadeira. Monte o cineminha: encaixe a tira na janela, como mostra o esquema abaixo, e puxe a ponta da tira, movendo-a com cuidado para não rasgar. Observe o que acontece! Use os dois lados da tira e divirta-se quantas vezes quiser.

Recorte também as fendas internas da janela.

Siga as instruções no verso da página para usar esta peça.

Siga estes esquemas para fazer a dobra e colar a peça ao lado na página 53.

- - - - - DOBRAR

Sobe e desce

Com a ajuda de um adulto, cole no espaço abaixo a parte dobrada da peça que foi recortada da página 52. Em seguida, movimente a aba para cima e para baixo. Surpresa! Não parece que as crianças estão se mexendo? Você já se divertiu com estes brinquedos de verdade?

Os brinquedos!

Após brincar, é preciso guardar cada coisa em seu lugar. Use seu dedo e, depois, faça traços para ligar cada brinquedo ao espaço reservado para ele nas prateleiras. Quantos ficaram na prateleira de cima? E na de baixo? Desenhe no espaço em branco um brinquedo de que você gosta.

Os dias da semana

SETE DIAS A SEMANA TEM,
QUANDO UM ACABA,
O OUTRO LOGO VEM!

SETE DIAS A SEMANA TEM,
QUANDO UM ACABA,
O OUTRO LOGO VEM!

DOMINGO,
SEGUNDA-FEIRA,
TERÇA-FEIRA,
QUARTA-FEIRA,
QUINTA-FEIRA,
SEXTA-FEIRA,
SÁBADO,
QUE BOM!

Você sabe quantos são os dias da semana? Convide um adulto para cantar com você a canção com o nome dos dias da semana. Complete o tracejado das plaquinhas e escolha uma cor diferente para cada uma. Depois, pinte na letra da música o nome de cada dia da semana com a cor de sua placa.

BRINQUE MAIS

Campos de Experiências é só o começo!

Arrumação divertida

Depois de brincar com as sombras na estante de brinque-dos na atividade da página 54, que tal convidar a criança a fazer uma arrumação do jeito dela em uma gaveta ou prateleira em casa? Defina com ela um critério para a arrumação dos objetos que serão guardados, separando os itens por cores, tamanhos ou em ordem de preferência. Incentive a criança a seguir essa rotina.

Noite e dia

Divirtam-se com as cenas do dia a dia de duas crianças, nas páginas 40 e 41, e fotografem também os momentos do cotidiano da sua família. Imprimam algumas fotos e façam um mural, separando o que acontece de manhã, de tarde e de noite. Deixem esse painel com fotos em um local por onde costumam passar e vejam juntos o que já fizeram e o que falta fazer no dia.

Amarelinha diferente

Trace com giz um quadrado no chão e divida-o em sete casas (veja a ilustração). Em cada uma, escreva o nome de um dia da semana e lembre-se de que o sábado deve ficar no centro. A criança vai jogar uma pedrinha na casa que corresponde ao domin-go, pular nela em um pé só e apoiar os dois pés para chutar a pedrinha para a próxima casa, seguindo a ordem dos dias da semana e repetindo o nome de cada dia até chegar ao sábado.

Nível 3

Novos desafios

No dia a dia, as crianças se deparam com situações que envolvem medidas, comparações, contagens, avaliação de distâncias e muitos outros exemplos que aguçam sua curiosidade e a ajudam na ampliação de sua consciência sobre conceitos relacionados às diferentes dimensões de tempo e espaço.

Veja quais são os principais temas e as habilidades desenvolvidas:

- Enquanto observa o entorno, reflete sobre as diferentes distâncias e direções e explora pontos de referência em um mapa, a criança pode **desenvolver a percepção visual e corporal e a capacidade de orientação espacial**.
- As brincadeiras com as composições de cores e formas ajudam a **despertar o interesse pelas formas geométricas e o raciocínio lógico e espacial**.
- Ao fazer comparações de tamanho e compreender relações de oposição como alto e baixo, por exemplo, a criança consegue **aprender linguagens e conceitos relacionados ao raciocínio lógico**.
- Identificar as mudanças no ambiente em diferentes períodos do dia e relacioná-las às suas atividades e experiências ajudam a criança a **compreender sua relação com a natureza e a sociedade**.
- A atividade com monstrinhos em várias posições ajuda a criança a **desenvolver a percepção visual e corporal** e a descobrir diferentes formas de representação do corpo e de possibilidades de movimento.
- Explorar diversos tipos de relógios permite à criança descobrir a funcionalidade desses aparelhos e os modos de **medir o tempo**.
- Brincadeiras com situações que relacionam a contagem aos números ajudam a criança a **internalizar o conceito de número, identificar os numerais e realizar a contagem oral**.

Esses desafios mais complexos promovem novas experiências para a criança, permitindo que ela aumente sua capacidade de analisar, refletir e resolver problemas e, assim, construir gradualmente sua autonomia.

A vizinhança

Perto de onde você mora tem um lugar como este, com espaço para brincar? Complete os tracejados, pinte o que falta, circule a criança que está no escorregador e marque com um **X** a que tem um ursinho.

Recorte e cole!

Use estes cartões na página 65.

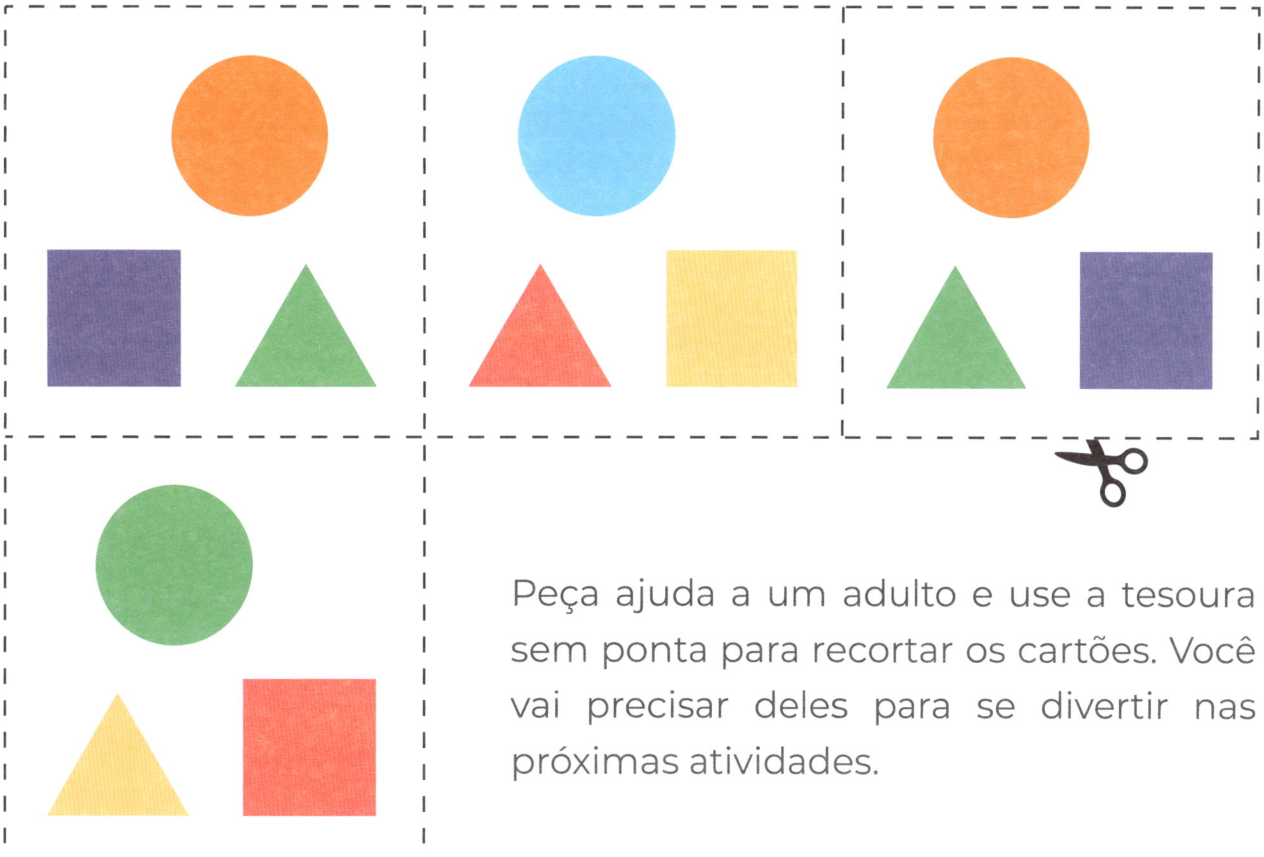

Peça ajuda a um adulto e use a tesoura sem ponta para recortar os cartões. Você vai precisar deles para se divertir nas próximas atividades.

Use estes cartões nas páginas 66 e 67.

Cores e formas

Você sabe o nome destas formas? Qual a cor de cada uma? Cole em cada tela o cartão que você recortou na página 63 com as três figuras nas cores correspondentes.

De dia, de noite!

Olhe com atenção os cartões que você recortou na página 63 e cole cada um no local correto, de acordo com o período do dia em que as cenas acontecem. O que você prefere fazer de dia? E à noite? Que tal desenhar nos espaços em branco o que você faz em cada período?

O voo das pipas

Complete os tracejados e pinte cada pipa de uma cor. Com a ajuda de um adulto, corte um fio de lã na medida da linha de cada pipa e cole cada um no lugar certo. Em seguida, circule o brinquedo que está mais **alto** e faça um **X** no que está mais **baixo**.

Passeio no bairro

Ajude a menina a conhecer melhor o bairro onde mora com a ajuda do mapa. Faça os caminhos com o dedo, diga o nome de cada lugar que encontrar e pinte o círculo correspondente, até passar por todos os locais. Depois, pinte com giz o caminho mais **curto** para levar a menina até em casa.

Direções

Para cima ou para baixo, para a direita ou para a esquerda? Para onde cada seta aponta? Pinte da mesma cor as setas que indicam a mesma direção.

Que horas são?

Para que servem estes objetos? Qual o nome deles? Você sabe o que tem dentro de uma ampulheta? Complete os tracejados e pinte o que falta. Depois, circule o relógio cuco e faça um **X** no relógio digital.

Turma do arrepio

Escreva no círculo de cada sombra o número do monstrinho correspondente. Depois, marque com **X** os dois monstros que estão com um braço virado **para cima** e o outro **para baixo**.

Dentro e fora

Complete os tracejados e pinte a cena. Depois, faça um círculo no ursinho que está **dentro** da casa e marque com um **X** o que está **fora** da casa.

Contagem divertida

Cones numerados

Peça ajuda a um adulto para recortar a página e depois cortar e montar os cones, passando um pingo de cola em cada um. Encaixe os cones nas figuras das páginas 78 e 81 e brinque de contar. Guarde os cones para brincar como quiser.

Complete os tracejados e termine de pintar as figuras dos dinossauros. Depois, conte os pontinhos em cada círculo e encaixe corretamente um dos cones coloridos que você recortou e montou na página 79. Quando terminar, guarde as peças para inventar outras brincadeiras.

BRINQUE MAIS

Campos de Experiências é só o começo!

Faça um mapa

Que tal colocar em prática a ideia de passeio pelo bairro como na atividade da página 70? Saiam a pé, levem papel e lápis e façam um mapa simples, começando por um traçado da rua onde moram e marcando pontos específicos de referência. Aos poucos, ampliem o mapa, marcando o caminho da escola ou da casa de um amigo, com pontos de destaque escolhidos pela criança. Escolham e imprimam, também, um mapa da internet, para fazer um percurso determinado.

Entra e sai

Os conceitos de dentro e fora são importantes para o desenvolvimento das noções de espaço. Experimente pegar uma caixa bem grande e dê o comando para que a criança fique dentro ou fora da caixa, por exemplo. Outra dica: durante a elaboração de uma receita, peça para a criança observar e responder quais ingredientes estão dentro ou fora da panela.

De olho no relógio

O contato com diferentes tipos de relógio é essencial para que a criança compreenda, aos poucos, a forma de contar o tempo ao longo do dia. Vale a pena ter em casa um relógio de ponteiros, se possível com despertador. Use-o em situações do cotidiano, para mostrar à criança quanto tempo o pão de queijo vai ficar no forno ou para combinar que ela tem mais cinco minutos para brincar, por exemplo.

Nível 4

Desenvolvimento integral

Explorando formas, cores, medidas, direções, comparações e contagens de tempo em suas brincadeiras, a criança aguça sua curiosidade, amplia seu vocabulário e seu repertório de vivências e passa a compreender melhor as diferentes possibilidades e as dimensões relacionadas a medidas de tempo e espaço.

Veja quais são os principais temas e as habilidades desenvolvidas:

- A atividade que destaca datas comemorativas significativas para a família é uma forma lúdica de **utilizar o calendário na prática, perceber os ciclos do tempo e valorizar a cultura e as tradições da família**.
- Brincadeiras que envolvem observação, comparação de imagens e sequências de cores ajudam a **desenvolver a percepção visual, a coordenação visomotora, a atenção e a concentração** e podem ganhar novas versões com um nível maior de desafio se forem feitas com contagem de tempo. Proponha, por exemplo, perguntas como "Quem consegue encontrar os objetos primeiro?" ou "De quantos minutos você precisa para encontrar sete diferenças entre duas cenas?".
- Uma proposta que relaciona posições da criança em relação à caixas, por exemplo, pode ajudá-la a desenvolver percepção espacial e ampliar o vocabulário dela sobre este tema.
- O relógio e o calendário para montar e brincar de diferentes maneiras ajudam a criança **a aprender a ler as horas e a se apropriar das convenções importantes para compreender diferentes formas de contagem do tempo**, como a divisão em horas, dias da semana, meses e estações do ano.
- Despertar a atenção da criança para **comparar tamanhos e propor formas diferentes de medir objetos** estimula a curiosidade, a análise e a consolidação das noções de espaço.

Valorize sempre essas experiências e outras atividades que estimulam o desenvolvimento cognitivo e sensório-motor, o raciocínio lógico, a percepção de si e do outro e o crescimento integral da criança.

Alegria o ano todo!

TEATRO

FESTA JUNINA

CIRCO

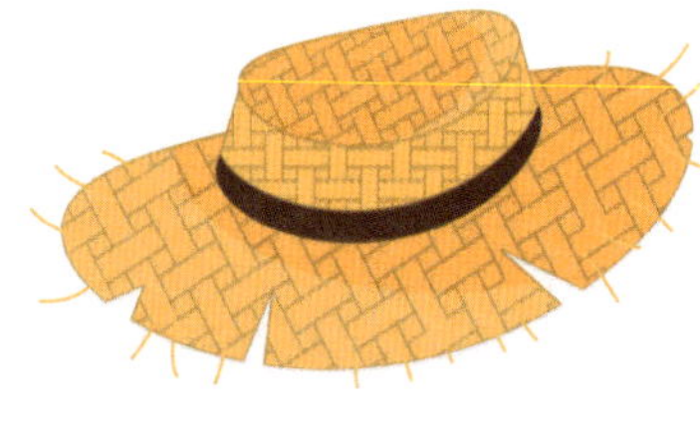

Complete os tracejados. Você sabe a que datas especiais ou lugares cada cena se refere? Costuma ir ou comemorar alguma delas? Ligue cada item em destaque do quadro abaixo à cena onde ele aparece.

NATAL

PÁSCOA

DIA DO FOLCLORE

Chuva de cores

Siga o modelo e use lápis de cor ou giz de cera para pintar cada guarda-chuva de acordo com a ordem indicada nos quadrinhos. De qual guarda-chuva colorido você gostou mais?

Jogo dos erros

Fique atento e marque com um X as sete diferenças que encontrar entre as duas cenas. Depois, circule em cada uma o corredor que está em primeiro lugar e o que está em último lugar nesta disputa.

Quanto mede?

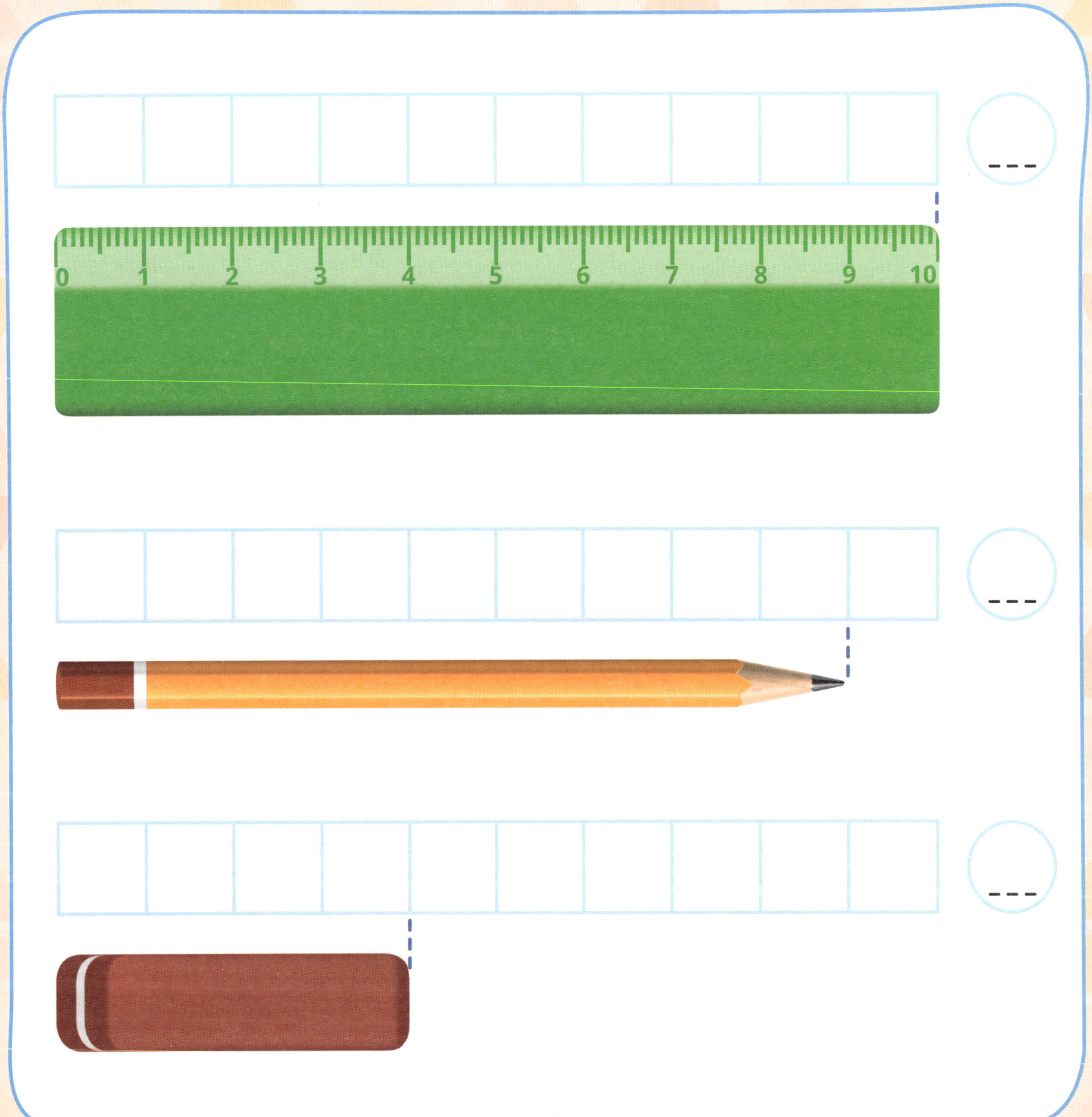

Observe as figuras e pinte a quantidade de quadradinhos que corresponde à medida de cada uma. Conte as casinhas pintadas em cada figura e peça ajuda a um adulto para anotar o número correspondente no círculo ao lado. Depois, compare as medidas, circule o objeto menor e faça um X no maior.

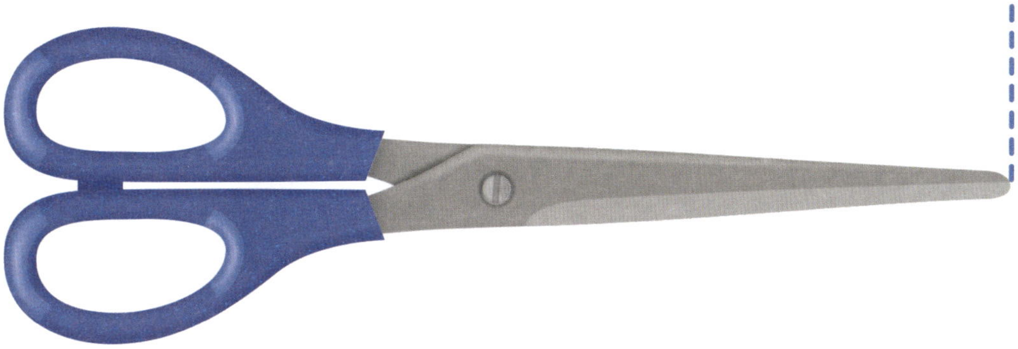

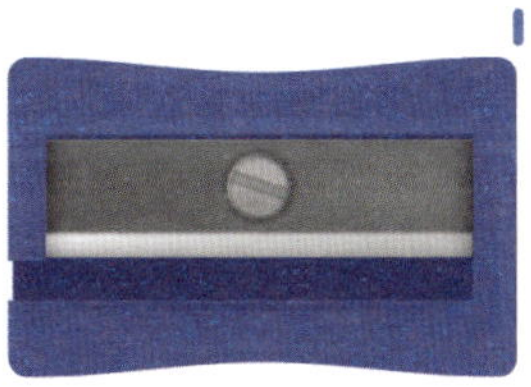

Onde estou?

EM FRENTE

À DIREITA

ENTRE

ATRÁS

PERTO

Complete os tracejados, pinte o que falta e peça a um adulto para ler o que está escrito em cada imagem. Depois, providenciem caixas de papelão para brincar, alternando o papel do comandante, que vai dizer como o outro participante deve se posicionar em relação às caixas para imitar as posições da página.

EMBAIXO

LONGE

À ESQUERDA

DENTRO

EM CIMA

Brincadeiras de rua

Corrida, amarelinha, cabo de guerra, cabra-cega... Você já se divertiu com os amigos nesses jogos? Circule nas cenas os brinquedos em destaque nas laterais das páginas. Depois, termine de colorir as roupas das crianças e marque com X a brincadeira de que você mais gosta.

De olho no tempo

O **RELÓGIO** e o **CALENDÁRIO CAMPOS DE EXPERIÊNCIAS** vão ajudar você a aprender a marcar a passagem do tempo de forma divertida. Peça ajuda a um adulto para fazer todos os recortes e seguir as instruções.

Como brincar

- Ajude a criança na montagem do relógio e explore as possibilidades de uso aos poucos, para que ela possa compreender melhor a leitura das horas. Explorem inicialmente as horas cheias, com o ponteiro maior no número 12 e o deslocamento do ponteiro menor, de número em número. Depois, faça o mesmo com as peças azuis e os números de 13 a 24, explicando que o dia tem 24 horas. Repita a brincadeira muitas vezes.

- Sugira que a criança observe relógios convencionais em uma hora cheia e diga que horas são e que compare seu RELÓGIO com um modelo comum, de forma que ela perceba as diferenças e entenda que as peças de cor azul, que marcam as horas da tarde e da noite, só estão em seu brinquedo e ajudam a entender a distribuição das horas do dia.

- Demonstre o movimento do ponteiro grande em um relógio convencional, explique que ele se move mais depressa e marca os minutos e convide-a a deixar os ponteiros na mesma posição do relógio comum. Mostre como é feita a leitura dos minutos, de 5 em 5, e deixe que ela levante hipóteses e manuseie os ponteiros. Mostre que quando o ponteiro maior percorre metade do relógio é porque se passou meia hora. E, da mesma forma que foi feito com as horas, nomeia-se as meias horas deixando o ponteiro grande parado no 6 e depois no 18, enquanto se movimenta o ponteiro pequeno em cada hora. Faça o mesmo processo para explicar 15 minutos e 45 minutos, deixando o ponteiro grande no 3 e no 9, respectivamente, enquanto movimenta o ponteiro pequeno em cada hora.

COMO MONTAR O RELÓGIO CAMPOS DE EXPERIÊNCIAS:

1. Antes de recortar, cole a página 99 sobre uma cartolina para reforçar as peças e, depois, recorte o relógio, os números e os ponteiros do relógio.

2. Observe as peças numeradas: as peças vermelhas, numeradas de 1 a 12, representam as horas do dia e, as azuis, numeradas de 13 a 24, representam as horas da tarde e da noite. Juntas, elas representam as 24 horas de um dia inteiro.

1 2 3 4 5 6 7 8 9 10 11 12

13 14 15 16 17 18 19 20 21 22 23 24

3. Compare o tamanho dos ponteiros: um é maior do que o outro. No relógio, o ponteiro menor marca as horas e o maior marca os minutos.

4. Encaixe as peças vermelhas com os números na ordem de 1 a 12 nos círculos que acompanham o contorno do relógio.

5. Coloque os ponteiros no centro marcado do relógio. Deixe o ponteiro grande parado apontando para o 12 e mova o ponteiro menor começando do 1 e seguindo, em sequência, até o 12. Peça a seu ajudante para ajudá-lo a dizer que horas são em cada movimento do ponteiro menor, começando em 1 hora e passando pelas horas da manhã, até às 12 horas.

6. Depois, com a ajuda de um adulto, substitua as peças numeradas do relógio, usando agora as azuis e colocando-as em ordem. Deixe o ponteiro grande parado, apontando para o número 24, enquanto move o ponteiro pequeno de número em número, começando pelo 13. Assim, você vai passar pelas horas da tarde e da noite, começando em 13 horas e seguindo em sequência até às 24 horas.

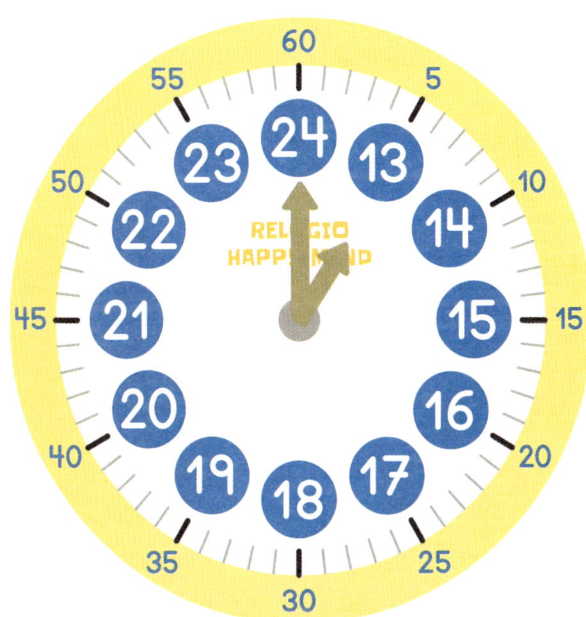

COMO MONTAR O CALENDÁRIO CAMPOS DE EXPERIÊNCIAS:

1. Peça a ajuda de um adulto para recortar o calendário da página 101. Cole a página sobre uma cartolina e depois peça a seu ajudante que recorte as janelinhas indicadas pelos tracejados.

2. Providenciem quatro clipes ou pregadores pequenos de plástico de cores diferentes para serem usados como marcadores. Vocês podem, por exemplo, definir que o amarelo vai indicar o dia do mês, vermelho para o dia da semana, verde para o mês e azul para a estação do ano. Peça a seu ajudante para mostrar, ler e marcar no calendário com você a data de hoje: o dia da semana, o dia do mês, o mês e a estação do ano.

3. Verifiquem o calendário juntos todos os dias. Assim, aos poucos, você vai aprender os nomes dos dias da semana e dos meses do ano. E não se esqueça de reparar sempre quais marcadores você precisa movimentar conforme o tempo passa.

Como brincar

- ✔ Inicialmente, explore as diferentes possibilidades do calendário, marcando o dia do aniversário da criança e de pessoas da família e outras datas especiais, brincando com os marcadores. Repita muitas vezes o nome dos dias da semana e dos meses, para ajudar a criança a fixar essas informações. Depois, passe a usar o calendário todos os dias com a criança, para ajudá-la a marcar cada dia, o mês corrente e a estação do ano.

1 2 3 4 5 6 13 14

7 8 9 10 11 12 19 20

15 16 17 21 22 23

18 24

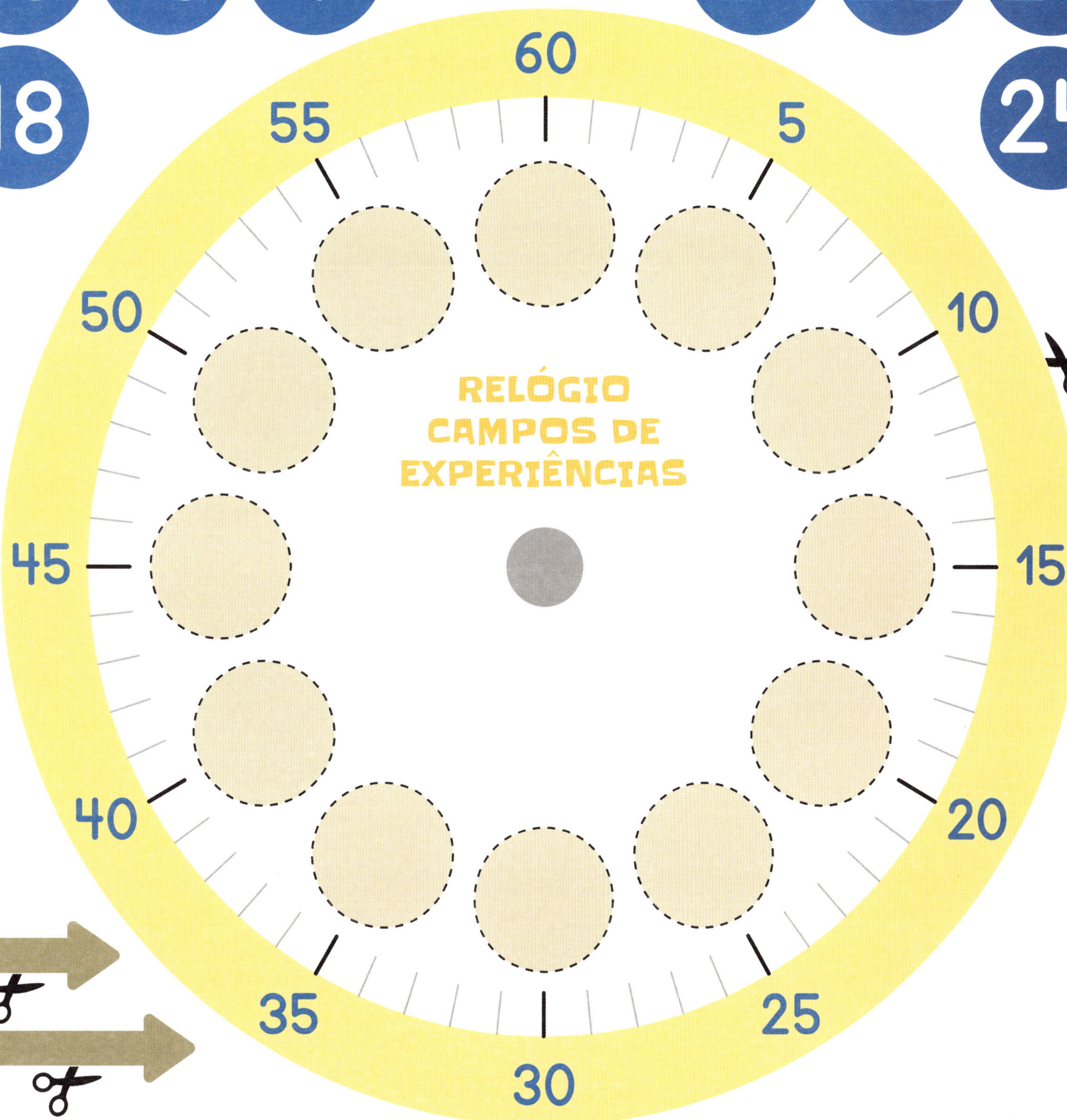

CALENDÁRIO CAMPOS DE EXPERIÊNCIAS

DIA DA SEMANA

DOMINGO

SEGUNDA-FEIRA

TERÇA-FEIRA

QUARTA-FEIRA

QUINTA-FEIRA

SEXTA-FEIRA

SÁBADO

ESTAÇÃO DO ANO

PRIMAVERA

OUTONO

INVERNO

VERÃO

DIA DO MÊS

1	17
2	18
3	19
4	20
5	21
6	22
7	23
8	24
9	25
10	26
11	27
12	28
13	29
14	30
15	31
16	

MÊS DO ANO

JANEIRO

FEVEREIRO

MARÇO

ABRIL

MAIO

JUNHO

JULHO

AGOSTO

SETEMBRO

OUTUBRO

NOVEMBRO

DEZEMBRO

Para onde?

Observe o exemplo e, depois, una com um traço de giz de cera cada veículo à seta que indica a posição para onde ele está apontando.

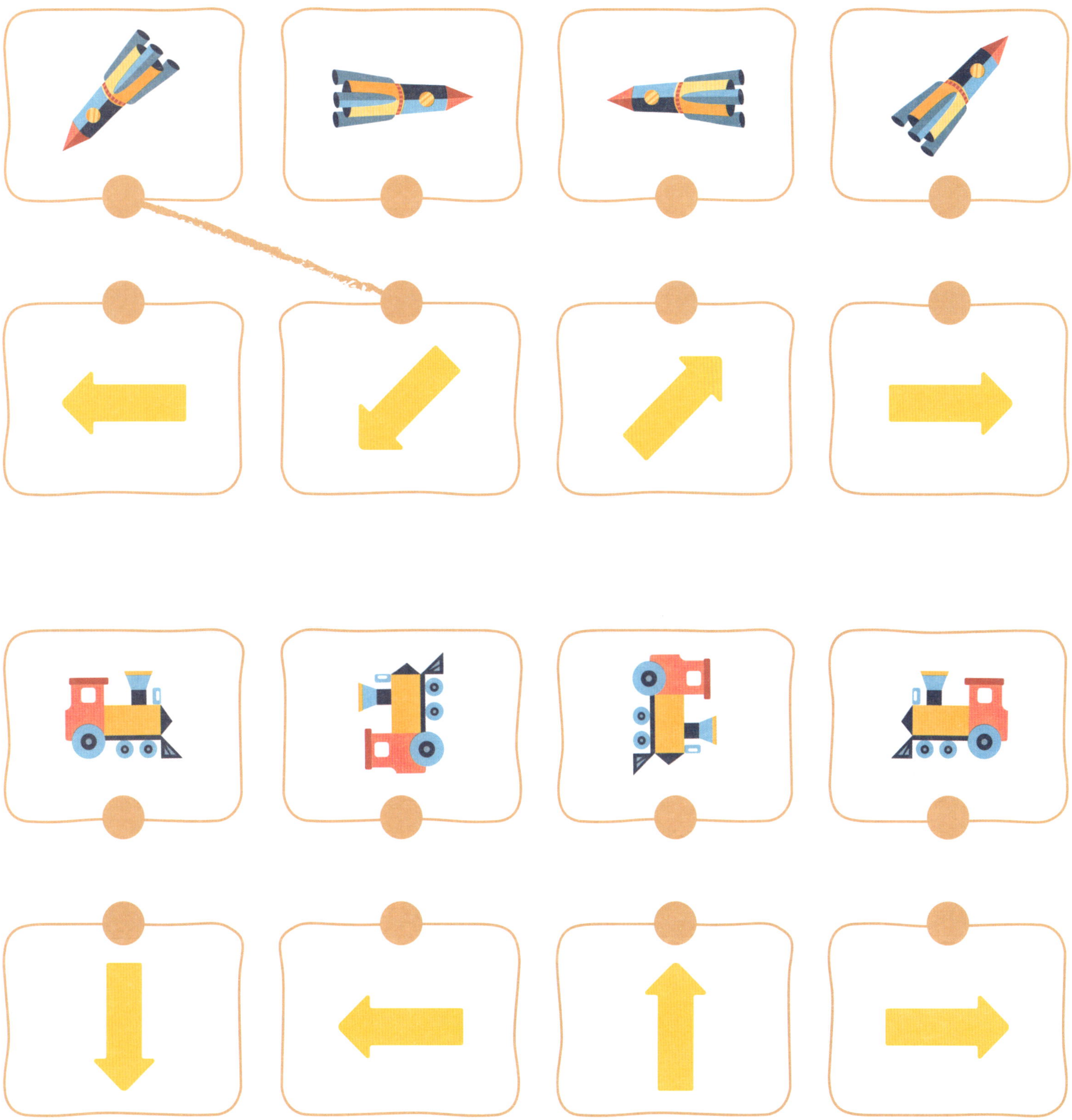

BRINQUE MAIS

Campos de Experiências é só o começo!

Labirinto

Com giz de lousa ou fita adesiva colorida, desenhem um caminho no chão ligando dois pontos da varanda ou da casa e começando com traçados simples. Guie a criança para que ela se desloque no caminho, dizendo “Para frente!”, “Para trás!”, “Para a direita!” , “Para a esquerda!” enquanto a apoia com a sua mão. Aos poucos, façam caminhos mais complicados, com curvas e bloqueios, que exijam comandos mais complexos. Criem também labirintos que levem até um brinquedo no quarto ou até um lanche na cozinha. Vale trocar de papéis na brincadeira e pedir que a criança passe a ensinar o caminho.

Tique-taque

No dia a dia, procure mostrar a hora do relógio à criança quando ela está acordando, almoçando ou se preparando para ir à escola, por exemplo, para que, aos poucos, ela amplie suas percepções e conclusões sobre as formas de medir o tempo. Vale também criar situações divertidas, como definir um horário para colocar os bonecos para dormir e usar um despertador para acordá-los; utilizar uma ampulheta ou um timer de cozinha para fazer uma “receita” de bolo com areia e pedrinhas, usando marcadores de tempo também no universo do faz de conta.

Esforço premiado!

A criança chegou até aqui e merece um presente por ter completado o livro. Aju-de-a a preencher o DIPLOMA no final do livro. Depois, recorte-o e guarde-o de lembrança dos momentos felizes de aprendizado e diversão que vocês vivenciaram juntos. Continue incentivando a criança a fazer experimentos e perguntas para ampliar suas vivências e descobertas. Parabéns para vocês!

DICAS PARA pais e educadores

Veja como usar os livros da coleção **Campos de Experiências** para tornar ainda mais especiais seus momentos com a criança!

Na hora certa

Evite iniciar as atividades do livro se a criança estiver muito agitada, envolvida com outra brincadeira, sonolenta ou com fome, por exemplo. É melhor aguardar um momento em que ela esteja mais disponível e tranquila, para que possa dedicar mais atenção a cada proposta.

Mantenha o foco

O ideal é acompanhar a criança durante toda a atividade, apresentando as propostas, ouvindo as perguntas, observando-a com atenção e valorizando seus comentários e progressos. Reserve esse tempo de qualidade para estar com a criança, mantendo distância de aparelhos eletrônicos e evitando fazer várias coisas simultaneamente.

Comece do começo

Não há uma ordem determinada para a realização das atividades, mas o ideal é começar pelas mais simples, avançando aos poucos. Caso perceba pouco interesse da criança por certo desafio, avance nas páginas para outro tema que chame mais a atenção dela e retorne a esse em outro momento.

Sempre à mão

Deixe o livro em um local acessível, para que a criança possa folheá-lo, explorar os temas e descobrir por quais se interessa mais, rever as páginas que completou e também ter a iniciativa de convidar você a fazer as atividades.

✔ Perceba a hora de parar

A atenção ativa das crianças, especialmente das mais novas, tem duração limitada. É essencial respeitar essa característica, sugerindo as propostas mais adequadas a cada momento. Se for o caso, apresente desafios em etapas ou faça pausas e fique atento para interromper uma atividade antes que a criança apresente sinais de irritação ou cansaço.

✔ Seja positivo

Caso a criança cometa algum erro enquanto realiza uma atividade, não a reprove nem demonstre decepção. Valorize sua criatividade e seu empenho e procure incentivá-la a tentar mais vezes, reafirmando a sua confiança. Diga que será mais fácil na próxima tentativa e que vocês conseguirão melhores resultados depois de mais treino.

✔ Desafios na medida certa

Escolha a atividade adequada: se estiver fora de alcance naquele momento, a criança pode ficar irritada e desistir e, se for fácil demais, pode não se interessar em terminá-la.

✔ Envolva-se!

A atenção do adulto é muito importante para que a própria criança valorize a atividade que está realizando. Participe da brincadeira e, ao terminarem uma atividade, comemore com um abraço carinhoso.

✔ Sensibilidade é tudo!

Na infância, a aprendizagem está muito ligada a sensações e emoções. É importante estimular a criança a vivenciar as situações de forma concreta, tocando nos materiais, ouvindo palavras e sons, observando imagens, explorando a sensação e utilizando os sentidos para concretizar a aprendizagem.

ESCREVER faz bem!

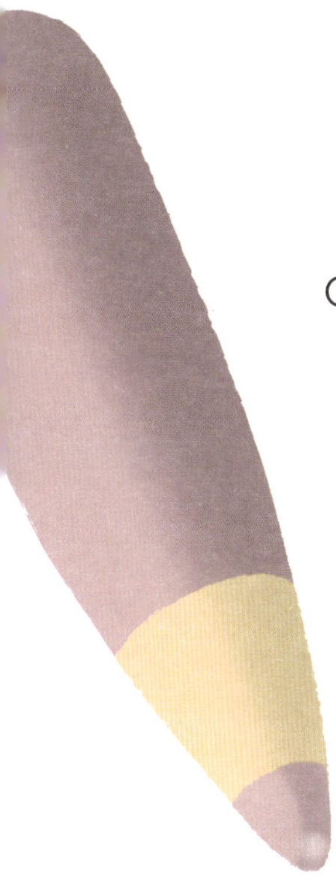

O uso de teclados, telas e *joysticks* é cada vez mais frequente; entretanto, especialistas em neurologia e neurociência alertam sobre a importância da escrita manual, a qual é capaz de ativar áreas do cérebro ligadas a habilidades como coordenação motora, memória, atenção, organização de ideias, coerência e raciocínio, além de favorecer a criatividade e a comunicação.

Na infância, traçar, desenhar, pintar e escrever à mão é ainda mais importante, pois esse tipo de atividade influencia o desenvolvimento global da criança e de todo o seu processo de alfabetização.

Os exercícios de escrita favorecem a percepção espacial e a organização, ajudam na coordenação visomotora e fixam memórias que permitem reconhecer as formas das letras e aprender os movimentos e as conexões necessárias para escrever e ler, definindo ligações entre os processos de leitura e de escrita, facilitando o reconhecimento visual, a organização mental e a percepção de conceitos abstratos.

Para os adultos, escrever já é um processo automatizado, mas para as crianças essa competência é resultado do avanço gradual de **múltiplas habilidades**, dentre elas: a capacidade de perceber, distinguir e produzir sons para se comunicar; a memória; a consciência corporal; a organização espacial e a coordenação das mãos e dos dedos.

Na fase entre 3 e 6 anos de idade, muitas dessas habilidades estão em sua potência máxima de desenvolvimento. Portanto, oferecer aos pequenos materiais adequados às suas primeiras experiências de escrita é um grande estímulo para que avancem nesse caminho. Outra dica é escrever com as crianças, redigindo cartões, fazendo listas de convidados e de compras ou bilhetes e mostrando a escrita à mão como uma atividade lúdica e prazerosa.

Corpo em equilíbrio

A percepção do corpo e o controle da postura e dos movimentos também são importantes para avançar nas habilidades de escrita. Ajude a criança a se concentrar e se posicionar corretamente, a fim de vocês se divertirem com este livro. Para isso:

- Procurem um local bem iluminado e sem barulho.
- A criança deve ficar sentada em uma cadeira adequada a seu tamanho, com as costas e os pés apoiados.
- Os cotovelos e os antebraços devem estar livres e a mão em repouso.
- A mesa precisa estar próxima e ter a altura adequada para que a criança se incline levemente, sem precisar ficar apoiada na mão ou sobre a mesa.

Brincar para escrever

Algumas atividades divertidas ajudam a desenvolver a motricidade. Convide a criança a manusear livros e cadernos, aprendendo a virar as páginas uma a uma, a brincar com blocos de montar, massinha de modelar, fantoches e dedoches, a rasgar papéis de diferentes espessuras e a usar pinças ou pegadores para colocar e tirar brinquedos de um pote.

De olho nas mãos

Quando fazemos uma anotação qualquer, nem reparamos nas nossas mãos, mas a posição dos dedos ao pegar um lápis é resultado de um longo aprendizado motor e cognitivo.

A forma de segurar uma ferramenta de escrita é chamada de pega ou preensão. A preensão trípode, quando se utiliza apenas o polegar, o indicador e o dedo médio para escrever, é considerada a mais adequada, pois exige menos esforço e favorece a fluidez e o desenvolvimento da caligrafia.

Entenda as etapas do processo que permite à criança utilizar corretamente o lápis:

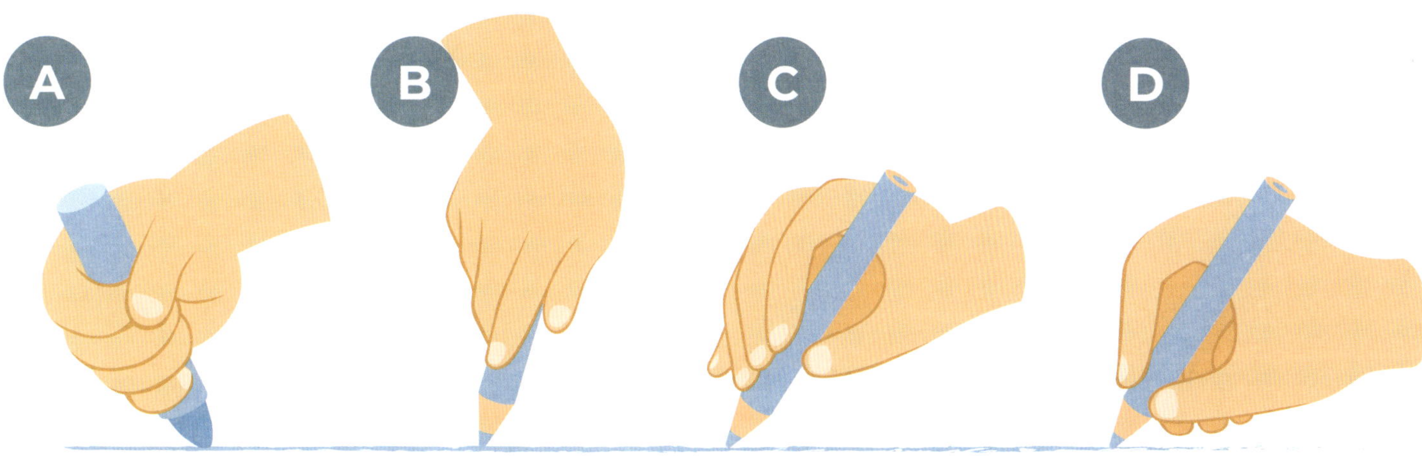

A) Preensão palmar: entre os 12 e 18 meses de idade, a criança usa praticamente toda a mão para segurar o lápis e movimenta também o ombro e o braço para movê-lo. Nessa fase, o mais adequado é usar um giz de cera bem grosso.

B) Preensão pronada: surge por volta dos 2 e 3 anos de idade. A criança passa a usar mais os dedos para segurar o lápis e o movimento envolve, principalmente, o antebraço e o cotovelo.

C) Preensão com quatro dedos: geralmente entre os 3 e os 4 anos de idade, a criança começa a usar quatro dedos para segurar o lápis e o movimento passa a se concentrar no punho e nos dedos.

D) Preensão trípode: surge por volta dos 4 anos e segue se desenvolvendo até cerca dos 7 anos de idade.

Como ajudar?

Cada criança tem seu tempo e cada fase é importante para o desenvolvimento motor. Nesse percurso, pode ser que a criança alterne as formas de preensão do lápis, até que o amadurecimento de funções permita uma acomodação na **preensão trípode**. Todavia, é importante ensinar a forma correta para evitar problemas de caligrafia e ergonômicos, que podem durar por toda a vida.

Procure auxiliar a criança a treinar a pega seguindo alguns passos:

1- Com a mão que usa para escrever, a criança deve fazer uma pinça com os três dedos: polegar, indicador e médio, mantendo-os abertos e deslocados mais à frente dos outros.

2- Ajude-a a colocar o lápis no espaço entre os dedos polegar e indicador e a deslizar esses dedos pelo lápis, para cima e para baixo algumas vezes, para treinar o movimento usado na escrita.

3- Em seguida, peça a ela que mantenha o lápis entre o polegar e o indicador e feche o dedo médio, apoiando o lápis e mantendo-o parado. Mostre que é melhor segurar mais perto da ponta, com o indicador a cerca de dois dedos de distância da ponta do lápis.

Sugira que a criança trace linhas em uma folha, da esquerda para a direita, e que observe como os seus outros dedos ajudam a mão a deslizar sobre a folha de papel. Mostre ainda que a outra mão ajuda a manter a folha no lugar e apoia o corpo para que ele fique reto.

Se a criança ainda estiver desenvolvendo a pega, prefira um giz de cera grosso ou use adaptadores. As crianças com mais idade podem começar com lápis triangulares ou sextavados, que facilitam o apoio dos dedos.

DIPLOMA

COLE
UMA FOTO
SUA AQUI.

CERTIFICAMOS QUE ....

COMPLETOU O LIVRO

Eu me Localizo

CAMPOS DE EXPERIÊNCIAS

PARABÉNS
CAMPOS DE
EXPERIÊNCIAS